La Casa de Cristal

Publicado por Paragon Publishing, Rothersthorpe

ISBN 978-1-78792-117-7

Diseño de portada y producción por Into Print
www.intoprint.net
+44 (0)1604 832149

La Casa de Cristal

Ian McGaffney

Para

Ilyana, Ivan, Christian, Fabiana,
Ian Jr., Ivanova, Sebastian y Maria Corina

¿Política, políticos, relaciones, gobierno o desgobierno?
¿Orden o caos?

¿O un poco de todo?

Todos habitamos, de alguna manera, una casa de cristal: frágiles, expuestos, reflejados en nuestras propias transparencias.

VISTA

La Casa de Cristal

Un país orgulloso, con una historia de colores,
conquistados y conquistadores,
enfrentado por dictadores,
dañado y separado,
construido sobre cenizas
por un gobierno más depravado.

Con monumentos a la cultura,
destruidos, llorando por las heridas,
imposible curarse con una sola sutura,
sangrando y separado, y con lágrimas caídas.

En la tribuna, los escogidos,
corruptos e incorregibles,
inefectivos e incompetentes,
con ideas mal concebidas,
malintencionados pero felices en sus andanzas
que andan sin avanzar
y sin dignidad ninguna, pero libres y elegidos.

Dividido por lenguajes,
por agentes de cambio sin vergüenza,
y por sus alianzas con gente peligrosa y de proceder dudoso.
Ahora el país hundido,
en un maremágnum de ignorancia e indiferencia,
separado por malhechores,
y todos equivocados, por escoger un mal camino.

Y los demás, el resto,
convencidos por las mentiras, conducidos hacia el abismo,
burlados y pisados, incluso sorprendidos,
empobrecidos e inocentes,
atrapados y sometidos.

Un juego macabro, jugado por unos dementes,
con la única intención de influir e imponerse
en la más vulnerables de las mentes.

Allí estaban, desde hace siglos,
siempre, erguidos, rectos, y correctos.
Venerados y celebrados, respetados y recordados
en pinturas y esculturas,
potentes e imponentes,
dignos herederos de unos tiempos ya perdidos.
Ahora impotentes,
atrapados en su majestuosidad,
dentro de un palacio real,
o viviendo una ilusión surreal,
cada uno en su casa de cristal.

vista

A La Vista

Y ahora,
todo estaba a la vista.
Frágil, pero transparente.
No había manera de esconder sus verdaderas intenciones,
ni en el manejo de las subvenciones;
los fondos que no les pertenecían
a pesar de sus penosas justificaciones.

¡Y cuánta gente podía entrar en esa casa!
Llegaron en masa,
todos pidiendo su cuotaparte,
pensando que los recursos llegaban gratis,
o solo por amor al arte.

Y recibieron visitas cada día,
de orígenes distintos,
les dieron una bienvenida cálida,
una estadía sin compromiso.
No exigieron nada a cambio,
y tampoco pidieron permiso.

De todo se veía en esa casa,
a pesar de que no había ni lugar para refugiarse.
Pero todos cabían de alguna manera,
y todos estaban a la vista.

vista

¿Dónde están?

¿A cuánta distancia se encuentra el enemigo?
No hay que seguir mirando el horizonte.
Está más cerca de lo que puedes imaginar.

Ya está en la casa.
Algunos son invitados, otros llegaron de repente,
y muchos con las intenciones de quedarse.
¿Habrá sitio para tanta gente?

En fin, llenando cada espacio,
cada uno sin nada que aportar,
y con un comportamiento diferente.

Los días pasan sin que pase nada,
igual parecen una amenaza latente,
esperando una decisión que nunca llega,
sin que nadie presente una solución pertinente.

vista

Gente Activa

Allí están,
intentando salvar el mundo,
pero incapaces de salvarse de ellos mismos.
Perdidos en su interior, y también en el exterior.
Buscando dirección y guía hacia destinos imposibles,
para apoyar causas más allá de su alcance,
con la actividad, cualquier actividad, una más bizarra que la
otra,
para llenar el vacío que sienten en su interior.

Frustrados en su propia ignorancia
y ávidos de atención,
buscando compañía en su entorno de mentes similares,
de vivir su sueño y sentirse, validados, reconocidos,
identificados como sea.
Para así sentir una permanencia o un propósito en su propio
mundo interior, aunque sea utópico.
Ese mundo que no arreglan,
y que no quieren afrontar,
por temor,
y por no querer mirar cara a cara su propio fracaso.

vista

Pactos

Se reunieron en esa casa.
Incómodos compañeros,
cementados en alianzas forzadas,
forjadas a conveniencia,
y por unos cuantos dudosos acuerdos.

Aunque se encontraban a menudo,
la realidad no era tan simple.
Se notaba en unos actos,
separados por diferencias,
pero unidos a través de nefastos pactos.

Hacían y deshacían,
sin consultar a la gente que los elegía,
ajenos a opiniones distintas,
y sordos a lo que les decían.

A pesar de las intenciones turbias,
e intentos por ocultar para siempre
las fechorías ya comprobadas,
no podían esconderse,
porque todo era tan transparente,
quedando todas a la vista,
y resultando irremediablemente enramadas.

vista

Sordomudos

A veces la casa parecía insonora.
Quizás hecho a propósito.
La gente gesticulaba,
con gestos de manos
y con malas caras,
lanzando insultos y acusaciones falsas,
denuncias y falacias.
Abuso y uso indebido,
reinaba por sus pasillos,
mientras todos hacían fila
para rendir un sinfín de pleitesías
a una especie de Caudillo.
Sin emitir un solo ruido, ni una sola palabra,
pero todo tenía sentido,
porque tampoco ellos escuchaban nada.

vista

El Proceso

El proceso va por dentro.
Aparentemente está en todas partes.
No se sabe dónde empezó,
pero no siempre es desde el centro.
Pica y se extiende
por todo el cuerpo,
hasta el último reducto,
y nadie lo entiende.

Se nota en las voces,
o a través de una sola mirada.
Con la piel tan gruesa como un elefante,
incapaz de una retirada
con un movimiento, ni torpe, ni elegante.

El proceso toma su camino,
su sistema haciéndose inmune.
Sin poder cambiar su destino,
y quedándose impune.

vista

Copiar, Pegar

No importa donde me encuentro
siempre las observo desde la acera de enfrente.
Algunas son de piedra, ladrillo, o arena,
barro o hasta cal,
en fin, todas son las mismas,
pero no todo es igual.

Sí,
las reconozco desde lejos,
y ninguna tiene espejos.
Son cajas frágiles y transparentes;
casas de cristal.

Cabe mucha gente adentro
de todos los estratos sociales.
Dicen tener el mismo propósito y pensamiento,
pero algunos son más iguales.
Hablan distintos lenguajes cada uno,
pero se entienden entre sí.
Existe un idioma común a todos;
dicen querer lo mismo,
vía Leyes para las masas,
quienes siguen reclamando,
golpeando desde la puerta
mientras los ocupantes no salen de sus casas.

Son incapaces de verse entre sí,
aunque alejados de la muchedumbre,
cada uno fabricando su realidad,
como es de su costumbre,
defendiendo su curul en el último escaño,
haciendo caso omiso a los reclamos por la igualdad,
mientras formalizan otro engaño.

vista

El Bulo, La Burla, y La Bulla

El bulo, la burla y la bulla,
se encontraban un buen día,
en el mismo sitio de las reuniones de siempre.
Venían de diferentes partes,
adonde el debate inútil
se había convertido en un arte.

Pero no pasó más nada,
no fueron más allá,
ni se quedaron en tribunales
discutiendo asuntos legales,
porque al final se dieron cuenta
de que todos eran iguales.

Se pusieron de acuerdo
en resolver sus diferencias,
bajando el volumen,
y utilizando la sutileza
de deferencias y reverencias,
y con el engaño como referencia.

vista

En El Banquillo

En qué lodo han caído,
un barro conocido.
Una barra bajada al último escaño
desde donde todos cometen el engaño.

Con cuentos inventados
y cuentas y caras escondidas,
desde los insultos hasta los indultos,
y amenazas escupidas.

Como hienas con unos huesos,
peleando por parte de la presa,
pero nunca terminando presos
a pesar de los excesos.

vista

La Verdad y Su Muerte

Poco a poco iba perdiendo fuerza,
debilitada por los constantes inventos
y unos cuantos atentados,
desde diferentes banquillos,
de parte de enemigos, y hasta de algunos aliados.

La gente no confiaba,
no creía lo que leía
ya que carecía de algún sentido,
y lejos de la realidad.
Confundía a la mente colectiva,
y el mundo no entendía.

Con voces que inundaban
ahogando a la razón,
envueltas en mentira tras mentira
desviando la atención,
y encubriendo su verdadera intención.

La verdad era la primera víctima.
Desde hace tiempo fue comprometida,
y su palabra ya no era sagrada.
Cayó en el primer ataque,
cada palabra una gota de sangre
en líneas bien definidas.
Una sola bala en toda la frente,
y yacía mortalmente herida.

vista

La Casa de Todos

Esa casa está llena.
Al límite
de tantos pensamientos.
De actas elaboradas, con acciones no realizadas,
y un potencial desgastado.
Sin contar con unos cuantos lamentos,
por palabras no iteradas.

Repleto de recuerdos y sentimientos,
de memorias e historias
sobre proyectos incumplidos.
Un sinfín de decepciones y opiniones,
de un valor no reconocido,
y con una fuerza desmedida
para enfrentar a un vendaval,
y así aguantar cualquier tormenta,
pero sin tomar en cuenta,
que sigue siendo de cristal.

vista

Todo Se Derrumbó

Todo se derrumbó.
La discusión empezó desde adentro,
con muchas acusaciones, y algunas acciones,
mucho más allá del centro.
Había demasiadas piedras,
y se veían las intenciones.
No podían aguantar,
y sucumbieron a lo más básico de sus instintos...
y cayeron en las tentaciones.

No se sabe quién fue el primero en lanzar los dardos al
corazón,
pero pronto todos se armaron,
y perdieron la razón.
Los vidrios estallaron,
al escuchar la primera sirena,
los muros se derrumbaron,
tal cual un Jericó.
Y no quedaba nada,
nada que valiera la pena.

vista

¿Cómo es Posible?

¿Cómo es posible,
después de estar en esa montaña,
en su cima,
con una vista tan clara
y un horizonte interminable,
de repente caer
en una avalancha de palabras,
quedarse enterrado,
como en una tumba,
en un silencio inesperado?

vista

Puesto en su Lugar

Cada uno tiene sus casas,
algunas ordenadas,
otras, un tanto caóticas.
Llenas de cosas bonitas
o quizás verdaderamente
despóticas.

Han sido formadas durante años,
a prueba de un largo tiempo,
pero solo hasta cierto punto.
Amobladas hasta con objetos inútiles,
y organizadas en un conjunto.

Pueden durar una vida entera,
o dañarse poco a poco,
eventualmente expuestas a un clima de frío,
y sujetas al libre albedrío.

A LA VISTA

a la vista

Visión Nocturna

Los días.
Los días son otra cosa,
de otras cosas más peligrosas.
De vías empinadas y algunas calles rocosas,
de callejones sin salida,
y decisiones indebidas,
algunas un tanto locas.

Las noches le pertenecen a él.
De pensamientos provocativos,
algunos hasta nocivos,
y de deseos reprimidos.
De encuentros con la gente,
y fantasmas en su mente.
De corazones perdidos,
amores arrepentidos,
y sentimientos malheridos.

Después de tantas visiones nocturnas,
las palabras se le escapan.
Se convierten en su arma,
su verdadero karma.
Las usa como espada,
o con la suavidad de una pluma,
buscando validar
un mundo que abruma.

a la vista

Soñando

En mi mente
todo es posible.
En mis sueños
siempre somos jóvenes.
En mi cabeza
reina la razón.
En mi corazón
yacen mis sentimientos,
y en mis manos,
la solución.

a la vista

Un Sueño Divino

Me acuesto,
encima de mi cama de sueños rotos.
Cierro mis ojos
y empiezo un viaje
hacia un firmamento
lleno de estrellas.
Logro alcanzar la más brillante,
la abrazo con todo mi fuerza,
hasta que desaparece dentro de mí,
como si dos cuerpos se hubieran fusionado,
como dos elementos.

Esa estrella, que parecía inalcanzable,
iluminaba la oscuridad interior,
me brindaba calor en mi viaje de regreso.

Abrí mis ojos con una claridad,
un sol brillando, resplandeciente como ninguno.
Había conseguido un sueño divino.

a la vista

La Noche... y un Sueño

Dime qué haces en tus noches sin sueño.
Cuéntame hacía dónde viajas con tus ojos cerrados.
¿Acaso sientes las caricias de otro ser sin rostro?
¿Generas calor junto a una piel ajena?
¿Escuchas los susurros,
las palabras que anhelas oír,
y los quejidos de los deseos reprimidos?

¿Sigues transitando en búsqueda de placeres escondidos
mientras caminas con cautela en campos desconocidos,
siempre consciente de que un largo viaje te espera
para alcanzar un sueño divino?

a la vista

El Carrusel

Cuando entraba en sus memorias
se encontraba con varios de sus amores.
Revivía sus temores
recordando sus rencores,
y reconocía la gravedad de sus errores.

Sentía los labios de miel,
vivía las emociones a flor de piel,
y ese momento de ser infiel.

Qué triste su papel
montado en ese carrusel
en la oscuridad de un hotel,
intentando silenciar la cola del cascabel,
que era otra Jezebel.

a la vista

Un Lugar Para Quedarse

Vives en mi cabeza.
A veces,
te ausentas,
y me dejas solo
con mis pensamientos.
Y te echo de menos...

Quizás,
en algún momento también te haré falta...
quién sabe.

De repente,
decides regresar
para ocupar ese espacio que te pertenece,
o, en cambio,
te mudes
a vivir en mi corazón.

a la vista

Ana Stesía

Un buen día
conocí a
una muchacha que se llamaba
Ana Stesía.

Muchas veces
yo no entendía
lo que ella decía,
mucho menos,
lo que ella quería.

Al principio pensaba
que ella era fría.
Pero en ese momento,
cuando tomé su mano en la mía,
yo sentía,
que su corazón latía.

Tardé mucho tiempo
en entender lo que ella quería.
Yo miraba el cielo
en búsqueda de una guía,
y pasé semanas preguntando
¿Qué sería? ¿Qué sería?

Pensando en su nombre
yo no dormía,
y finalmente al darme cuenta,
me dio mucha alegría,
porque ya lo sabía:
que ella valía mucho más
que sólo bisutería.

a la vista

Un Paseo

Él se dio un paseo al largo de esa playa infinita.
Sentía el toque de la blanca arena,
más blanca que la leche,
que pasaba entre sus dedos con una textura como de seda.
El calor acariciaba su cara con rayos que parecían filamentos
de oro
que se movían
con la brisa.
Entraba en ese agua cristalina,
se acostaba y flotaba en ese mar de calma,
mirando hacia un cielo tan azul
dejándole deseos de alcanzarlo, tocarlo.
Cerraba los ojos y soñaba,
soñaba profundamente,
dejándose llevar a sitios lejanos,
desconocidos hasta ese día.
Llegó a la orilla de nuevo,
acostándose encima de esa arena blanca,
tan suave al tocar.
Se sentía en paz... había encontrado su paraíso.

a la vista

La Fruta Prohibida

La manzana de la discordia,
de un sabor amargo, y difícil de tragar.
Si uno la comparte
puede desencadenar
en una guerra prolongada,
o en una razón para empezar a amar.
.

a la vista

El Sol

Seca las lágrimas de tus ojos,
guarda la tristeza en un baúl.
Borra las nubes grises de tu mente,
mantén una sonrisa en tus labios,
y recuerda: eres el sol que brilla
en ese cielo tan azul.

a la vista

El Toque Humano

Cuando ya están dichas todas las palabras,
cuando se han agotado todas las razones,
cuando se han vivido las desazones,
caminado las rutas rocosas,
limpiado las narices de niñas mocosas,
caídas en baches en noches nubladas.
Cuando las frases ya no sanan, sino todo lo contrario.
Cuando solo lo que queda,
es colgarse del rosario.

En ese momento es cuando llega,
en el silencio interminable,
una señal quizás divina.
Lo que faltaba desde tiempo,
algo que demostraba
que las oraciones no eran en vano,
que solo había que escucharlas
para ser bendecidos con el toque humano.

Ese toque humano
que derrite corazones,
que hace desaparecer las heridas,
que siente algo sano,
y que cambia ese frío invierno,
en un tan esperado verano.

a la vista

La Soledad

El sol y la edad
se encontraron un día.
Caminaron juntos,
y disfrutaron de su propia compañía.
Hablaron de la vida,
y compartieron
el calor que emanaba de sus cuerpos
en cada momento
durante varios años.

Sintieron su piel y como
se calentaba cada vez más.
Se secaron sus lágrimas
que resultaron de sus experiencias,
tanto de alegría como de tristeza.

Pero llegó un momento
cuando disminuyó la llama,
los ojos se tornaron áridos,
y la boca solo se movía, pero sin pronunciar una sola palabra...
no sabían qué decir...
había llegado el silencio,
y con eso,
la soledad.

.

a la vista

El Espejo

Y el espejo
se cayó.
Solo.
De repente.
La imagen,
congelada, fracturada.
La ilusión,
fragmentada,
esparcida
en miles de pedazos,
uno más punzante que el otro.
Entraban en el alma
y penetraban el corazón.
Ese mismo corazón que antes latía fuerte, pero
ahora yace destruido,
sin esperanza,
sin vida.

a la vista

¿Por Qué?

En vez de disfrutar
de las pocas horas robadas,
las conviertes en tiempo de alta tensión,
con las caras amargadas
y silencios prolongados,
todo por una falta de comunicación,
o quizás de comprensión.

Cada lado busca justificar
sus palabras y reacciones.
Razones ancladas en sus cabezas
que no permiten infracciones.
Inflexibles y rígidas en sus pensamientos,
no permiten reflexiones,
ni toman en cuenta los sentimientos.
Un egoísmo desbordado
que daña los momentos.

a la vista

Una Tarde, Tarde

De repente,
cayeron las copas
y soltaron las palabras encima de las mesas;
un derrame de veneno en esa sopa de letras.

Quedó abierta la carta,
y al solo mirarla
se confesaba que ya estaba harta.
No quería ni pensar en un segundo plato,
eso había quedado claro
desde hace más de un buen rato.

Llenos hasta la saciedad,
la situación se había tornada casi cruenta,
y la gente que atendía,
eventualmente se había dado cuenta.

a la vista

En Pocas Palabras

Aunque me bloquees,
aunque me borres,
aunque no me atiendas las llamadas,
aunque no quieras escucharme,
y menos verme.
Aunque sientas mil sentidos,
aunque la rabia te consuma,
y aunque trates de olvidar.
Yo estaré siempre para escuchar,
y hasta ofrecerme para secar
las lágrimas que no quieres ni mostrar.

Y me siento desesperado,
mordiendo mi lengua inoportuna,
maldiciendo a mi misma estupidez
y a mi falta de madurez.
Pero allí estaré de rodillas
pidiendo perdón en el juicio,
pidiendo un suplicio,
con la promesa de rectificar.

Y ahora en el desierto,
una especie de destierro,
en una etapa de desespero,
en un camino desconocido
hacia un destino incierto.

a la vista

Palabras

A veces,
a pesar de que endulzas las palabras con miel,
que cubres el suelo con rosas,
que prometes ser siempre fiel,
y que liberas a las mariposas,
resulta imposible cambiar algunas cosas.

Al soltarlas
no se las lleva el viento,
sino que atacan al corazón,
van directo hacia él,
hacen daño,
muy adentro, en lo más profundo,
tengas o no la razón.

Son tóxicas y de sabor amargo,
pero no queman la lengua de donde salen,
corroen la más dura coraza,
y dejan la piel como hoja de fino papel.

Es imposible recogerlas,
se escurren por todas partes,
llegan hasta donde no se quiere,
y te das cuenta de que ya es muy tarde.

a la vista

Las Palabras... y Una Rosa

Esas palabras,
tan inocentes
cuando salen de la boca,
cayéndose como los pétalos de una rosa
al final de un verano,
para quedar acostados sobre una cama fértil.

Otras palabras
se las lleva el viento,
hasta desaparecer
en una inesperada tormenta.

Existen más palabras,
las que penetran la piel como
las espinas punzantes de esa misma rosa.
Llegan a quedarse enterradas en el corazón,
donde siguen vivas, alojadas para siempre.
No se percatan desde la superficie,
pero allí están,
para recordarnos la belleza de esa flor,
que representa el amor.
Esa rosa, que a la vez es capaz de causar tanto dolor.

a la vista

Una Caída

Y allí estaba.
De repente.
Ese vacío que tanto temía.
Ese espacio que se abrió,
donde se iba a perder desde ahora en adelante.

En seguida echaba de menos la sonrisa y la risa,
los rayos de sol que calentaban su cuerpo
en esos días de cielos despejados.
Y añoraba un sinfín de cosas más.

Volverá a su soledad.
Llena de gente.
Y quedarán incógnitas,
pensamientos sobre los sueños rotos
y sobre lo que ha debido ser.

Saldrá de viaje,
lejos del mundo,
llevando su bagaje emocional,
sus maletas llenas de esos sueños rotos,
y recordará siempre
la felicidad que le quedó.
Vuelto polvo
y con las manos vacías.

a la vista

Huellas

Hay huellas
que dejan huellas.
Marcas
que nos dejan marcados.
Impresiones
que son impresionantes,
los pasos de algo gigante,
que aplastan
hasta la rosa más rozagante.

a la vista

Así Es La Vida

Al principio,
llegó sin nada.
Nada que mostrar,
y nada que perder.
Solo vestido con su propia piel,
y temeroso ante un mundo desconocido,
medio molesto de haber sido sacado de su zona de confort.

Con el tiempo aprendió,
en compañía de otros.
Vio lo bueno y lo malo
de la gente a su alrededor,
y de esa línea casi desapercibida entre ambos.

Estaba tan harto de información,
útil e inútil.
A veces no sabía discernir entre ellas, y menos qué hacer.
Pero seguía en su rumbo indefinido,
acumulando tantas cosas,
y tampoco sabía qué hacer con ellas.

Se enfermaba en el transcurrir del tiempo
por tantos excesos y sucesos.
Por el ruido espantoso
en todas partes,
y el silencio de la complicidad
que no ayudaba
en la realidad.

A pesar de todo,
y lleno de todo lo acumulado
desbordando su mente,
lo pesado sobre sus hombros,
cargado hasta más no poder,
sucumbió ante tanta abundancia
que no le servía para nada,
sino solamente para que entendiera,
que todo,
absolutamente todo en la vida,
cabía en un solo cajón.
En fin...

HASTA LA VISTA

La Casa de Ensueño

De repente
allí estaba.
Un espacio inmenso.
Él, con esa mirada lejana,
intentó llenarlo,
con recuerdos vivos,
paseos largos,
sueños rotos,
noches interminables,
imágenes reales,
y palabras,
sobre todo,
palabras.
No era igual,
no podría ser.

Así, en ese espacio,
construyó,
su casa de ensueño.
Una casa donde salía el sol
todos los días.
Donde la lluvia caía
en forma de lágrimas
de risas compartidas,
que se esparcían
encima de las flores
que conformaban un jardín bien cuidado.

Esa casa de ensueño,
construida sobre las bases del amor,
donde el silencio reinaba,
y solo se escuchaban
las palomas arrullando,
compartiendo su felicidad
año tras año.

hasta la vista

De Mente

Esa mente
Tan demente
Siempre activa
Nunca cesa por un momento
Gira que gira.

Esa mente
Tan de repente
Suelta pensamientos
Que salen sin pensar
Convertidos en palabras pesadas
Quedando sembradas las dudas
En tierras al azar.

hasta la vista

El cuarto oscuro... otra vez

Aquí estoy,
otra vez,
en mi cuarto oscuro.
Con mi verdad desnuda.
Y allí estás tú,
esperándome,
en un rincón.
¿O será que nunca te fuiste?

¿Y qué vamos a hacer?
O quizás debo preguntar:
¿Qué tortura me espera?
Supongo que no vamos a hablar del tiempo.
En fin,
tú controlas todo.

¿Y no vas a decirme nada?
¿O todo está dicho ya?
¿Será que solo me toca esperar,
en silencio,
mientras los pensamientos terminan de carcomer,
como gusanos escarbando dentro de la carne,
por debajo de la piel?

Los siento vivos,
activos como siempre,
buscando el camino a la mente.
Y no me dejan en paz,
en ese cuarto oscuro.

hasta la vista

Rayo de Luz

Desperté.
Me levanté
y empecé a andar lentamente
hacia mi cuarto oscuro.
Revisé las esquinas
a ver si había algunos demonios de visita.

Eventualmente me senté en el suelo,
justo donde entraba un pequeño rayo de luz.
Sentí algo de sol que acariciaba suavemente mi cara,
y cerré los ojos.
Flotaba, soñando con momentos placenteros.

Cómo me hacía falta ese sol en mi vida
para brindarme un poco de calor y paz,
y así olvidarme de mis demonios,
aunque sea por un compás.

hasta la vista

El Crepúsculo y la Apuesta Del Sol

Desde la distancia,
y entre la bruma de un crepúsculo, veía como bajaba ese sol,
desvaneciéndose en su intensidad hasta desaparecer,
apagando la claridad a la que estaba acostumbrado a tener
en su vida.

Y el sol se fue,
gradualmente, dejándolo en una absoluta oscuridad.
La falta de ese sol,
sin una luz,
lo dejó deambulando por la vida,
sin percatarse del camino de regreso,
y sin poder escoger el camino correcto,
por si lo llevaba hacia un destino incierto.
Estaba consciente de que el sol salía al día siguiente
en otro lugar del mundo.

Y siguió su rumbo.

hasta la vista

Pienso... es lo que hay

Pienso,
siento,
escribo,
no miento.
Es lo que hay.

Sincero,
ofendo,
perturbo.
Hago pensar.
Es lo que hay.

¿Qué hacemos?
Nos juntamos,
hablamos,
nos abrazamos,
nos entendemos.
Es lo que hay.

Quizás
no es malo.
Hace falta.
¿Por qué?
Pregunta
al espejo.
Allí estoy,
yo,
esperando.
Es lo que hay.

hasta la vista

Infalible

Tomaba una idea,
o una línea de pensar.
Se metía entre esas cuatro paredes
y buscaba a quien fuera para confrontar.

Daba vuelta a las palabras
en un intento de razonar,
y llegaba a una conclusión,
pensando que era imposible equivocar.

Convencido de su verdad
y sin margen para desviarse
de un Norte decidido,
o de su único polo elegido,
sin haberse dado cuenta,
todo este tiempo,
de que ya se encontraba solo,
en ese lamentable y triste lugar.

hasta la vista

Lenguaje Corporal

Esos ojos que nos enjuician.
La lengua que nos condona, o nos condena.
La mente que nos convence, nos confunde y nos traiciona.
Las piernas que nos soportan y nos apoyan.
Los brazos que nos aceptan o nos rechazan,
y a veces nos abrazan.
Los oídos que nos dejan atónitos, ignorantes o sorprendidos,
pero aprendidos.
Las manos que remiendan y nos dañan, nos dan caricias o nos
salvan.
La piel que eriza y antes ruboriza.
Los labios que se transforman,
en una cálida sonrisa.
El corazón que enamora;
a veces nos falla, o se parte cuando se equivoca,
dejando rotas las ilusiones, y frío cuando ya no provoca.

hasta la vista

Luna

Esa luna,
esa noche,
iluminaba el camino
en un paseo,
entre una multitud inusual... pero él sentía que estaban solos,
en esos momentos de brazos y sentimientos entrelazados,
caminando como si el tiempo se detuviera.

Y él escuchaba una sola voz entre todas las voces...
la única que necesitaba para respirar y reír,
como si hubiera recuperado
su juventud,
su alegría,
su razón,
para existir.

hasta la vista

Un Día a la Vez

Un día a la vez,
así pasan las cosas.
Desde las primeras mariposas,
hasta el envío de unas rosas.

Entre palabras y palabras,
se llegan a conocer.
Los temores,
y los errores,
las reacciones que temer.

Habrá altos y algunos bajos
a lo largo de un camino.
Batallas dolorosas,
y las caras belicosas,
que forman parte de un destino.

Los minutos y momentos
son tesoros que hay que cuidar.
No pierdas la esperanza,
de vivir con una danza,
que culmina en unos días,
y en unas noches para amar.

La Montaña

Logramos subir esa montaña,
paso a paso,
juntos.
Atravesamos caminos rocosos,
superamos obstáculos, y pasamos varias noches oscuras.
A veces ni hablamos, a veces hablamos demás.
Inseguros al desconocer la ruta, o con miedo de escoger
el camino incorrecto.
En algún momento hasta pensamos en regresar a la ciudad,
al mundo mundano... a la vida cotidiana...
y olvidarnos emprender un viaje hacia lo desconocido,
a una tierra quizás hostil.

Con perseverancia,
y con muchas dificultades,
logramos llegar a la cima,
casi sin aliento.
¡Pero qué vista nos esperaba!
Un día claro, un horizonte que era interminable, de donde
salía el sol en todo su esplendor, radiante, mostrando
un futuro brillante.
Se respiraba aire puro que nos llenaba de esperanza,
nos brindaba paz en un silencio donde
lo único que escuchábamos era los latidos del corazón.

Queríamos quedarnos en esa montaña siempre,
pero había que bajar a la ciudad,
a la realidad que nos esperaba.
Al caos, y a la frialdad de tanta gente,
para sentirnos solos,
a pesar de estar rodeados de una multitud.
Qué soledad tan extraña.

La montaña desaparecía en la bruma de la mañana fría.
Pero sabemos que no era un sueño,
sabemos que sí existía.
Existe donde el corazón sigue latiendo,
día tras día.

Un Viaje al Silencio

Emprendió su viaje hacia el silencio,
hace décadas.
En realidad, empezó casi sin darse cuenta... un viaje
inesperado.
Paso a paso iba avanzando...
se encontró con mucha gente,
y visitó muchos sitios.

Existían lugares
donde a veces no entendía
ni a sus propios amigos.
Y había momentos cuando hacía tanto ruido
que no podía ni pensar.

Mientras más avanzaba,
más tortuoso se tornaba el camino.
Entraba en unos túneles oscuros,
llenos de obstáculos
difíciles de sobrepasar.
Pero siguió hacia el final.

Llegó a sentirse solo,
a menudo aislado,
quizás hasta perdido.
Se preguntaba si de repente aquello era su destino.

Se paró a preguntarle a la gente si había llegado
al final de su camino,
pero no obtuvo respuesta.
O quizás sí...
de todas maneras
se encontraba en un sitio silencioso,
al final tranquilo.

Una Casa Nueva

Empezó a construir
una casa de cristal,
con una claridad absoluta,
y un aire impoluto,
donde entraba el sol todos los días,
una claridad que iluminaba.

Ninguna piedra para esconderse,
solamente las de lanzar en un momento de ira.
No hacía falta tantas piedras,
las palabras tienen más peso;
suenan, revientan y estallan,
hacen daño donde caigan,
y nadie sale ileso.

Ni le movió el temblor.
Abrieron grietas en sus propias paredes,
dejándolo hecho polvo,
y el vidrio hecho añicos.
Las bases se movieron,
pero no sentía temor.

Tan fuerte y tan frágil,
descubierta y transparente,
la tortura de la mente.
Demonios escondidos en los escombros,
dispuestos a salvarlo,
cargados sobre sus hombros.

Casi todo quedó derrumbado
dejando una sola habitación intacta.
Una especie de refugio
para cuando quería descansar la mente,
esconderse de tanta gente,
o conseguir un sueño eterno,
lejos de su propio infierno.

Al sentir el aire caliente,
era difícil de respirar.
Decidido a retirarse
a un lugar seguro,
a otro sitio al que podía llamar hogar.

Agradecimientos

¡Mil gracias a Anne y Mark de Into Print por el apoyo de siempre en lograr construir esta obra en español!

Acerca del autor

Ian nació el 17 de diciembre de 1951 en Liverpool, Reino Unido, y emigró a Sudamérica en 1974 donde residió por más de 40 años. Actualmente vive en Madrid con su esposa. Tiene 3 hijos y 5 nietos.

Dear Cancer, With love... publicado en 2020, fue su primer libro, seguido por *Life, and so on; Just a Moment... of time*, and *Third Person... Present Tense.*

Pensamientos... en otras palabras... (2021), fue su primer libro en español; *La Casa de Cristal* el segundo.

www.ingramcontent.com/pod-product-compliance
Lightning Source LLC
Chambersburg PA
CBHW071232090426
42736CB00014B/3061